LE
VÉRITABLE EXPOSÉ

DES MOTIFS

DU PROJET DE LOI
SUR LES ÉLECTIONS.

Causas nequicquam noti inanes nectis.

A PARIS,

CHEZ LADVOCAT, LIBRAIRE,

ÉDITEUR DES FASTES DE LA GLOIRE,

PALAIS-ROYAL, GALERIE DE BOIS, N°s. 197 ET 198.

1820.

IMPRIMERIE DE FAIN, PLACE DE L'ODÉON.

LE
VÉRITABLE EXPOSÉ
DES MOTIFS
DU PROJET DE LOI
SUR LES ÉLECTIONS.

Causas nequicquam noti inanes nectis.

Lᴏʀsǫᴜᴇ le ministère fait à l'une des deux chambres une proposition législative quelconque, c'est principalement d'après l'exposé des motifs qu'il faut la discuter. Dans l'exposé des motifs, nos habitudes parlementaires ont placé le développement des principes qui ont servi de base à la loi proposée ; lui seul est le dépositaire officiel de la pensée du législateur, de la pensée première qui doit dominer l'ensemble et se retrouver dans toutes les dispositions accessoires. C'est d'ailleurs le terrain le plus avantageux pour le ministère, puisqu'il l'a disposé d'avance, puisqu'il a pris toutes ses réserves, préparé ses moyens d'attaque et de défense ; et, comme la présomption de raison est en faveur du gouvernement, il est juste qu'il ait le choix du lieu et des armes. Mais aussi, s'il est battu sur ce terrain, c'est une double défaite.

L'exposé des motifs du projet de loi sur les élections, présenté par M. le ministre de l'intérieur, doit non-seulement renfermer l'indication des faits politiques et sociaux sur lesquels se fonde le nouveau mode électoral, non-seulement l'appréciation des bons résultats qu'il attend de l'exercice de ce mode; mais c'est encore là que se trouve sans doute instruit dans toute son étendue le procès de la loi d'élection du 5 février 1817 : car enfin il n'est pas supposable qu'on ait conçu le dessein d'abroger une loi, une loi surtout qu'une portion notable de la nation, en cela sans doute dans l'erreur, regarde comme admirablement en rapport avec ses intérêts véritables, à laquelle elle s'attache comme à la première de ses institutions, peut-être même comme à l'unique garantie de liberté qu'elle possède; qu'on ait conçu, dis-je, le dessein d'abroger une telle loi et de la remplacer par une autre, sans avoir préalablement, par l'énumération exacte et la discussion approfondie de ses inconvéniens, dissipé les préjugés qui se prononcent en sa faveur.

D'après cette idée, je me propose d'examiner sommairement cet exposé des motifs, certain d'avance d'y puiser la conviction de la nécessité des mesures qu'il précède, et d'être des premiers à abandonner cette portion notable de la nation que je viens d'indiquer, et parmi laquelle, je l'avoue, je me suis rangé jusqu'ici.

Que si l'exposé des motifs de M. le ministre de l'intérieur trompait mon attente, s'il *n'exposait* pas clairement et avec fidélité l'économie entière du projet de loi, il y a lieu de croire qu'il serait heureusement suppléé par le rapport favorable de l'honorable député parlant au nom de la commission chargée de l'examen du projet. On peut y recourir avec d'autant plus de confiance, que M. Lainé, auteur principal de la loi du 5 février, passe pour l'être également de la nouvelle. Nul ne peut donc mieux que lui nous guider dans l'appréciation sûre et impartiale des deux systèmes, lui le promoteur habile de l'un, après avoir été le champion éloquent et applaudi de l'autre.

M. le ministre de l'intérieur commence son exposé des motifs par nous expliquer la substitution du nouveau projet de loi sur les élections au projet présenté par son prédécesseur, le 15 février dernier. Les raisons en sont prises d'abord dans le manque du temps nécessaire pour discuter celui-ci ; ensuite dans la volonté de respecter la charte, qu'il violait dans quelques articles.

« Les questions importantes que présentait ce
» projet, les articles nombreux dont il se compo-
» sait ne pouvaient plus être approfondis, comme
» ils auraient eu besoin de l'être : peut-être aussi
» faut-il laisser mûrir des idées que repousse,
» au premier abord, la crainte de voir toucher
» même à des articles de la charte qui ne sont
» que réglementaires,.... et retarder des amélio-
» rations dont l'utilité était reconnue par beau-

» coup d'opposans de bonne foi, qui seulement
» les trouvaient trop promptes et trop précoces,
» et désiraient que l'experience en eût mieux
» justifié les avantages (1). » Assurément·on ne
saurait donner trop d'éloges à la sagesse de ce
peu de lignes, à cette crainte de voir précipiter
la discussion d'objets graves et épineux, à ce res-
pect pour la manifestation de l'op nion publique,
sentimens si rassurans chez un ministre. D'après
cette déclaration, l'on conçoit facilement que le
ministère ait retiré le projet de M. le comte Decazes, et remis à des temps plus favorables les
améliorations dont il pouvait contenir le germe.
Mais ce qui ne se comprend pas aussi facilement,
c'est qu'après nous avoir dit qu'il ne retirait ce
projet que parce qu'il entraînerait de trop longs
débats pour le temps que la session avait encore
à parcourir, et que d'ailleurs il était bon de laisser à l'opinion le loisir de le mieux apprécier, il
en propose immédiatement un autre totalement
différent. L'exposé des motifs ne nous met point
dans le secret de cette contradiction apparente;
car il n'espère pas sans doute nous faire croire
que le nouveau projet de loi ne soit que le premier projet *simplifié*, *réduit à ce qui est le plus
nécessaire*, *remanié de manière à ôter le pré-
texte d'atteinte à la charte* (2). Il suffit de jeter
les yeux sur l'un et l'autre pour se convaincre,

---

(1) Exposé des motifs.
(2) *Idem.*

1°. qu'il n'existe aucune connexité entre eux ;
2°. que si MM. les ministres, pressés par le temps, n'eussent voulu réellement que faire passer dans le second ce qu'ils regardaient comme le plus nécessaire, c'est-à-dire les modifications à la loi d'élection du 5 février, il eût été bien plus simple de se borner à proposer l'établissement des colléges d'arrondissement, et même d'un collége de département formé des plus imposés, et d'autres modifications de ce genre, toujours en conservant l'élection directe. Mais pourquoi les deux degrés? pourquoi la candidature? pourquoi la possibilité d'aller chercher des députés parmi les candidats de la minorité des électeurs, disposition assez bizarre, certes, pour dénoncer un but déterminé, une intention particulière? Aucune de ces innovations ne remonte au premier projet, ne découle d'aucun des principes développés dans son exposé des motifs, qui ne manquait pas de franchise, et abordait du moins les questions.

Ce premier projet, dont il s'en faut que mon intention soit de prendre ici la défense, puisqu'à mes yeux le moindre de ses vices était d'être contradictoire, conservait encore quelques traces de son origine. Malgré les incohérences et les impossibilités de tout genre qui le surchargeaient, il témoignait par quelques points qu'il avait été conçu sous l'inspiration des paroles mémorables tombées du trône, à l'ouverture solennelle de la session, *que le moment était venu de fortifier la*

chambre des députés (1). Certes il serait étrange de soutenir que cette inspiration se soit perpétuée dans le nouveau projet : non, le ministère ne peut pas, ainsi que le voudrait M. le rapporteur de la commission, lier l'organisation électorale qu'il propose, *à la déclaration faite aux chambres par le roi, du dessein où il était de proposer des changemens à la loi fondamentale;* dans ce discours qui disait aussi que, « plus heu-
» reux que d'autres états, ce ne serait point dans
» des mesures provisoires, mais dans le déve-
» loppement naturel de nos institutions, que nous
» puiserions notre force (2). »

Relativement à la crainte de porter atteinte à la charte, à la volonté de ne point heurter de front les préventions populaires, mais de n'en appeler contre elles qu'à l'autorité de la raison et d'une plus longue expérience, je ferai seulement cette remarque, que, si en effet tels eussent été les motifs réels de l'abandon du premier projet, un second ne l'aurait pas suivi, qui rencontre une opposition plus vive et plus unanime encore, et qui, s'il ne viole ostensiblement la charte, la viole cependant dans l'esprit d'un grand nombre de personnes éclairées, et suivant elles la viole dans son essence. M. le ministre de l'intérieur enfin, et sur ses traces M. le rapporteur de la commis-

---

(1) Discours du roi à la séance royale du 29 novembre 1819.

(2) *Idem.*

sion, se seraient épargné la peine d'employer
la moitié, l'un de son exposé des motifs, et l'autre de son rapport, à démontrer péniblement
que la charte n'était point attaquée, lorsqu'il eût
été si aisé de ne pas encourir à cet égard la plus
légère apparence de reproche,

Après avoir établi de la manière qu'on vient
de voir que le nouveau projet n'avait pris la place
du premier qu'en qualité de plus court et de
plus respectueux envers la charte, M. le ministre
de l'intérieur semble vouloir entrer dans la discussion même de ses avantages sur l'organisation
réglée par la loi du 5 février. A cet effet, que
nous dit-il? « Le mode que cette loi a mis en
» vigueur a paru défectueux sous quelques rap-
» ports, et réclame des changemens qui, sans
» rien ôter à la liberté d'élection, la garantiront
» au contraire par des combinaisons plus variées
» et propres à laisser moins de prise à l'influence
» des partis (1). » Vouloir de plus en plus garantir la liberté des élections est sans doute un but
fort louable ; mais ce ne sont là que des généra-
lités auxquelles une expérience récente avertit de
ne pas trop applaudir, avant de connaître les
conclusions dont elles ne sont que le préambule.
Voyons les détails, et racontez et les défectuosi-
tés de la loi du 5 février et les changemens qui
doivent les pallier. « On s'est aperçu que des
» électeurs en grand nombre négligent d'user de
» leurs droits..... On a lieu de croire que la con-

----

(1) Exposé des motif..

» vocation dans un seul lieu du département
» souvent éloigné de leur domicile, les a dé-
» tournés de s'y rendre.... Ils craignent d'ailleurs
» l'influence du chef-lieu, où ils trouvent une
» masse d'électeurs avec lesquels ils ont peine à
» lutter : considération qui, plus encore peut-
» être que l'éloignement, les dissuade d'aller
» porter un suffrage qu'ils croient devoir être
» inutile (1). » On ne saurait disconvenir que ce
ne soit là un inconvénient, et un inconvénient
grave, auquel il importe d'obvier. La dislocation
des colléges de département se présente comme
un remède naturel, et, sans être entièrement con-
vaincu que la réunion des électeurs au chef-lieu
ne renferme pas en elle-même de quoi compen-
ser et au delà ce qu'elle peut avoir de conséquences fâcheuses, j'entends très-bien que l'on soit
d'une opinion contraire, et que la création des
colléges d'arrondissement paraisse à certains esprits un perfectionnement désirable. Mais de ce
qu'il faut que des colléges d'arrondissement soient
créés, pour offrir aux électeurs un exercice plus
facile du droit d'élire, s'en suit-il immédiatement
qu'ils ne doivent être appelés qu'à nommer des
candidats, parmi lesquels seront choisis les députés par un collége supérieur? S'ensuit-il qu'ils
ne doivent plus élire ? On est forcé en effet d'at-
tribuer le projet tout entier au peu de zèle qu'un
grand nombre d'électeurs montre pour partici-
per aux élections, puisque c'est l'unique vice si-

____

(1) Exposé des motifs.

gnalé dans la loi du 5 février par M. le ministre de l'intérieur ; à moins qu'on ne tienne compte de deux légères insinuations , où il semble l'accuser de favoriser l'influence des partis sur les suffrages. Quoi qu'il en soit de cette accusation à laquelle M. le comte Siméon ne paraît pas attacher une grande importance , ne faisant que l'indiquer vaguement et sans s'y arrêter, est-ce à l'élection indirecte et à la prépondérance remise entre les mains de la *grande propriété*, pour me servir du mot en circulation, qu'il appartient exclusivement d'*opposer des obstacles aux intrigues des partis* (1) ? Et je dirai de nouveau : pourquoi les deux degrés? pourquoi la candidature ? pourquoi la possibilité d'aller chercher des députés parmi les candidats de la minorité ?

Passons aux avantages du projet considéré en lui-même, indépendamment de toute comparaison avec la loi du 5 février. M. le ministre de l'intérieur met au premier rang celui d'une *élection plus mûrie par le fait qu'elle parcourra deux degrés*. Il pense aussi que le projet de loi, « s'il » prive les électeurs d'arrondissement du suffrage » direct que leur accordait la loi du 5 février , » leur rend en dédommagement un droit plus » réel. La plupart du temps leurs voix étaient » perdues; elles auront un véritable effet dans la » nomination de leurs candidats. » On lit encore ailleurs cet autre passage : « Par le nouveau pro- » jet, chaque collége d'arrondissement désignera

____

(1) Exposé des motifs.

» un nombre de députés égal à celui que le dé-
» partement doit fournir. Cette désignation ne
» sera point, il est vrai, définitive », ajoute
M. le ministre de l'intérieur. Je ne sais si les
électeurs seraient aussi fiers qu'on paraît l'espérer des nouveaux droits dont les investit le projet ; quant à moi, je suis tenté de croire que ses
auteurs en attendent d'autres résultats qu'une
*élection plus mûrie et des droits plus réels pour les
électeurs.* Je m'en tiens à cette assertion, ne suppo-
sant pas que personne me demande de la motiver.

Vainement je m'obstine à retourner cet exposé des motifs dans tous les sens, pour en tirer
tout ce qu'il sait sur le projet de loi, son but et
ses résultats présumés ; à peine offre-t-il quelques
prétextes futiles qui cèdent au premier examen ;
les véritables motifs demeurent impénétrables ;
et, comme je n'ai rien négligé pour les décou-
vrir, je dois craindre qu'on nous en ait refusé à
dessein la confidence. Ce ne serait point, certes,
une prévention favorable ; aussi, voulant m'en
défendre autant qu'il est en moi, je me hâte
d'interroger le rapport de M. Lainé et d'y chercher les lumières qui me manquent.

Il ne faut pas long-temps avoir regardé ce rapport pour reconnaître qu'il est encore d'un moindre secours que l'exposé des motifs de M. le ministre de l'intérieur. On ne s'explique point comment un homme de l'importance de M. Lainé,
un homme surtout dont la bonne foi et la franchise sont devenus une propriété nationale, a
pu se condamner à faire sur un point aussi im-

portant un travail, je demande pardon de l'expression, un travail aussi léger, et léger à dessein; puisque tout l'effort qui s'y laisse voir, et il s'en laisse voir beaucoup, ne tend qu'à l'amoindrir, qu'à persuader que mal à propos on prend texte du projet pour soulever tant et de si hautes questions. Je ne veux cependant point passer sous silence quelques observations que me suggère le rapport de M. Lainé, et qui aussi-bien ne m'écarteront pas de mon but.

J'ai déjà parlé des efforts de l'honorable rapporteur pour prouver l'orthodoxie constitutionnelle du projet. Sans entrer dans sa discussion sur le sens littéral de la charte, sans examiner s'il est exact de dire que, pour un électeur, concourir à la nomination des candidats ou concourir à celle des députés soit la même chose, je ne rappellerai que l'argument singulier par lequel il espère écarter de la proposition ministérielle le reproche d'être *contraire à l'esprit de la charte*, c'est-à-dire, selon lui, et j'adopte entièrement cette explication, *à l'essence du gouvernement représentatif*, reproche fondé sur cette idée, que l'élection directe est une des conséquences de l'une, parce qu'il est une des conditions nécessaires de l'autre. L'orateur cite et oppose les exemples de deux états constitutionnels voisins de la France: « *L'un*, dit-il (et c'est la Grande-Bretagne), *va avec l'élection directe, l'autre compte trois degrés d'élection* (et c'est l'Espagne). » J'avoue que j'éprouve quelque difficulté à porter tout d'un coup à l'œuvre des cortès assez de confiance et de vénération pour placer sur la même ligne, ou du moins dans la même balance, le plus novice des peuples affranchis et l'aînée des nations libres, la longue série d'élections graduelles à laquelle a recours l'inexpérience de l'Espagne, et l'expérience séculaire de la vieille Angleterre; je ne puis penser qu'entre deux autorités si contraires et si inégales, un juste milieu soit le parti de la raison, et que, parce que les Anglais n'ont qu'un degré, et que l'Espagne en a trois, il soit sage, comme il est proportionnel, d'en établir deux, à moins qu'on ne suppose que ce choix nous soit commandé par notre position mitoyenne entre nos modèles du Nord et nos imitateurs du Midi, et que le nombre des degrés d'élection doive se régler comme celui des degrés de latitude.

Je ne saurais donc m'empêcher de le répéter : ce n'est pas encore là une raison suffisante pour justifier la disposition principale du projet. Il faudrait au moins nous montrer le but et l'effet de l'élection graduelle comparée à l'élection directe, les avantages de l'une et les inconvéniens de l'autre, et non pas se borner à nous offrir le premier mode comme un essai, presque comme un caprice déterminé uniquement par l'aversion du second, aversion que l'on a, du reste, omis de motiver, et même négligé d'exprimer.

Quant à la candidature prise en elle-même, on n'en dit qu'une chose, c'est que, n'étant pas dans nos mœurs, il est bon qu'elle soit dans nos lois; mais s'il est vrai qu'elle soit à la fois antipathique à notre caractère et nécessaire à notre gouvernement comment se fait-il qu'il y ait eu des élections depuis trois ans ? et comment à l'avenir fera-t-on pour qu'il y ait des candidats nommés ? car il n'y en aura pas, si nul ne se présente pour l'être. Il faudra bien des candidats à la candidature, sans quoi *des associations s'arrogeront* encore le droit d'en offrir aux colléges d'arrondissement ; c'est-à-dire qu'il arrivera ce qui est arrivé, ce que l'on nous raconte sans s'apercevoir que l'on se contredit ; car où donc est cette répugnance de nos mœurs pour la candidature, si l'on s'est, parmi nous, laissé présenter au choix des électeurs par une association presque publique ? Quiconque y a consenti ne s'est-il donc pas mis sur les rangs, n'a-t-il pas affronté une candidature véritable, plus avouée, même plus éclatante que ne serait la brigue individuelle ?

Ici encore, il faut un autre motif plus solide et plus puissant que le motif énoncé. Le moyen en effet de croire que, sur une considération frivole, sur une expression équivoque, des personnages graves et éclairés se soient déterminés à déposséder du droit d'élire les quatre cinquièmes des électeurs, uniquement pour emprunter aux gouvernemens démocratiques l'institution de la candidature décréditée chez nous par la révolution. Évidemment le rapport de M. Lainé n'est pas plus complet sur ce point que sur aucun autre. Vainement en pousserais-je plus loin l'analyse ; je ne serais pas plus avancé : car si je demande pourquoi les deux classes d'électeurs, le rapport me répondrait, du ton de l'apologie, que la classe supérieure n'est point une aristocratie. Or, c'est là si peu ce que j'objecte, qu'on me répondrait beaucoup plus directement en soutenant qu'elle est une aristocratie, et qu'il en faut une ; car au moins ce serait une véritable question à discuter ; ce serait déclarer une intention, convenir d'une pensée ; ce serait enfin avouer un système de politique, au lieu qu'on semble avoir pris à tâche de prouver qu'on n'en a pas , ou de dissimuler qu'on en ait.

Quelques mots seulement du rapport laissent entrevoir une vue générale ; c'est lorsqu'il indique presque incidemment que l'influence doit être donnée à la grande propriété, ou du moins à la propriété plus grande, *dans un temps où les intérêts matériels sont prépondérans* (1) ; mais je me garderai de relever cette phrase qui, sans doute, est échappée à l'honorable auteur du rapport. Il m'est impossible d'imaginer, et l'élévation de ses sentimens comme de ses idées m'en est garant, qu'il ait conçu ou consenti un projet de loi dont la destination serait de reconnaître ou de fortifier *la prépondérance des intérêts matériels sur les intéiêts moraux* : une telle supposition serait calomnieuse ; je la repousse, je la désavoue ; et j'aime mieux répéter encore, sans suspecter la sincérité de l'honorable rapporteur, mais en me plaignant de sa discrétion : OU SONT LES VRAIS MOTIFS DU PROJET DE LOI ?

---

(1) Rapport de M. Lainé.

Depuis la restauration, le fort du débat entre le côté droit et le côté gauche, et je donne ici à ces dénominations *côté droit, côté gauche*, l'acception la plus étendue, celle qui leur fait embrasser la nation tout entière en la classant par intérêts anciens et par intérêts nouveaux, a toujours été la question de l'organisation électorale; le côté droit a senti que le seul moyen de se saisir du pouvoir d'une manière durable est une loi d'élection qui violentât assez la volonté générale, pour lui donner la majorité : on peut se rappeler tous les efforts qu'il fit en 1816 et en 1817 pour atteindre ce but : ils furent infructueux, puisqu'en 1816 il lui fut impossible de s'entendre pour faire une telle loi, et qu'en 1817 la loi du 5 février triompha de sa résistance; aussi depuis lors le côté droit a-t-il été constitué en état permanent de défaite, et le côté gauche a-t-il progressivement marché vers la conquête entière; mais le premier ne négligea rien dès l'abord pour se débattre contre la loi, appelée à être le procès verbal de la disparition. Il faut le dire : jamais, depuis trente ans, le côté droit ne s'était montré aussi persévérant ni même aussi habile, que dans les assauts qu'il lui a livrés sans relâche, d'autant plus que la renverser n'était pas chose facile. La loi du 5 février, objet d'amour pour la presque unanimité de la nation, était encore protégée par le pouvoir d'où elle dérivait; mais le pouvoir se dégoûta bientôt de son propre ouvrage. Dès l'élection du second cinquième, les ministres, effrayés de la tendance générale manifestée par les colléges, et de certains choix qui en étaient résultés, songèrent à changer la loi d'élection ; aussitôt le côté droit se groupa autour d'eux, et peut-être aurait-elle succombé sous cette coalition, si un des ministres, le même qui avait fait le 5 septembre, ne s'était déclaré son défenseur. Ce ministre fut seul conservé dans un second ministère qui se forma, et qui plus tard conçut les mêmes craintes que le précédent, et progressivement aborda, ainsi que lui, l'idée de changer la loi des élections : l'élection du troisième cinquième, et surtout une nomination trop fameuse, achevèrent de le déterminer. Il faut lui rendre toutefois cette justice, qu'il connut mieux la source du mal et créa un plan de réforme à la fois plus systématique et plus efficace. Le discours de la couronne, à l'ouverture de la session, annonça le dessein de *fortifier la chambre élective, et de la soustraire à l'influence annuelle des partis.*

Il ne semble pas douteux que ce que la loi d'élection a pu montrer d'hostilité qui lui fût propre, qui vînt d'elle-même, c'est-à-dire en sus de la part d'opposition légitime qui existait dans le pays contre le gouvernement, doive être attribué à la fièvre des renouvellemens partiels. Ce n'est pas ici le lieu de discuter cette question importante : il suffit qu'il ait pu être, et il a été sage à mon avis, de désirer l'établissement du renouvellement intégral et quelques autres modifications de ce genre à la loi fondamentale, toutes destinées à élargir les bases de la chambre élective, et à compléter ainsi notre régime représentatif; mais pour atteindre un tel but, pour triompher sûrement des préjugés respectables qui s'y opposaient, il fallait se garder surtout de présenter cette réforme parlementaire sous le titre de changemens à la loi d'élection. Le maintien seul de cette loi pouvait garantir que les innovations résolus ne seraient point funestes à la conservation des intérêts nouveaux; il fallait la laisser intacte, au moins dans son essence, afin que la nation ombrageuse pût voir sans effroi le remaniement de la charte, sûre que, si la charte était réellement violée, la charte serait vengée. Tout opposée malheureusement a été la conduite du ministère. Bien plus, il a fait la faute plus grande encore de chercher un appui dans le côté droit, au lieu de se maintenir franchement dans son ancien et honorable parti. Qu'en est-il résulté? L'opinion publique s'est aigrie, et, en s'aigrissant, elle a réagi sur le ministère, et l'a poussé plus avant dans la mauvaise voie où il s'était engagé; son projet a subi plusieurs élaborations successives, et enfin, après avoir traversé divers conseils et divers cabinets, il s'est produit tel que nous l'avons vu présenté par M. le comte Decazes, pour être aussitôt retiré et remplacé par un ministère nouveau.

Le jour où le dernier président du conseil devait présenter son projet sur les élections était choisi; c'était le 13 février. Dans la nuit du 12 au 13, monseigneur le duc de Berry fut assassiné au sortir de l'opéra par le nommé Louvel. Je ne peindrai point les jours qui suivirent cette horrible catastrophe, ces jours de douleur profonde pour presque tous, et d'espérances furieuses pour un petit nombre, ces jours prophétiques où tous les malheurs possibles qui menaçaient la patrie, et sur lesquels on sommeillait la veille, vinrent se révéler à tous les esprits et y porter la désolation. Ces jours appartiennent à l'histoire, et témoigneront pour la dureté de cœur des hommes de faction ; je ne les rappelle que pour dire qu'ils virent s'élever une inconcevable accusation, qui rejeta le sang du prince sur le principal ministre, sur le meilleur ami du roi. Cette accusation triompha de son absurdité : elle se répandit sans s'accréditer avec une incroyable promptitude ; comme promue par une force secrète, elle perça dans toutes les classes de la société, et détermina la chute de M. Decazes, au grand étonnement des deux chambres, confondues de voir en leur présence un ministre victime d'une intrigue de cour. Cet événement, que n'avaient pu conjurer ni l'affection particulière du chef de l'état pour M. Decazes, ni la présentation, deux jours après l'assassinat de monseigneur le duc de Berry, de deux lois d'exception et de son projet de loi sur les élections, dénonça que le côté droit était redevenu le maître. Dès lors, la première loi d'élection présentée ne devait plus le satisfaire, parce qu'en effet elle n'avait pas été conçue pour lui. Il avait pu se résoudre à l'adopter, lorsque, sous le joug du ministère, il ne pouvait espérer d'en dicter une lui-même, et que d'ailleurs il y trouvait cet avantage que des modifications quelconques à la loi du 5 février lui ouvraient une brèche où il brûlait de monter; mais la position n'était plus la même; ce n'était plus le dernier ministère qui empruntait momentanément des voix au côté droit pour des changemens, par cela seul qu'ils altéraient une loi détestée, c'était le côté droit qui imposait une loi au ministère nouveau, comme la condition essentielle de sa propre existence.

Ce n'est donc, ni pour abréger et faciliter la discussion, ni pour éviter de porter atteinte à la charte, même dans ses dispositions les moins fondamentales, que le nouveau projet a été préféré au premier, ainsi que nous le disait l'exposé des motifs de M. le ministre de l'intérieur. Cette péripétie découle plus naturellement de la grande péripétie qui s'est opérée dans ces derniers temps au cœur même du gouvernement. Le premier projet cessait d'être en rapport avec les vues de ceux qui dirigent le conseil ; le second est leur ouvrage.

Reste à se rendre compte du projet en lui-même, à rechercher comment et pourquoi il a été conçu tel qu'il est, enfin, à refaire l'exposé des motifs.

—« Le côté droit, il est vrai, se retrouve en possession de la prépondérance dont il jouissait en 1816. Évidemment il domine au conseil, évidemment tous les actes de l'autorité portent l'empreinte de son inspiration, lorsqu'ils ne sont pas l'expression pure de ses volontés directes. Cependant, que d'entraves connaît encore l'exercice plein et entier de sa domination ! Je me tais sur la résistance qu'il rencontrerait déjà dans une haute région, que respecteront mes conjectures, et d'où nous sommes habitués à voir tomber notre salut dans les momens les plus difficiles. Mais les ministres eux-mêmes, plutôt soufferts que voulus par lui, les ministres, quoique présentement sous sa férule, peut-il les regarder comme des instrumens sûrs? Leur caractère connu, leurs antécédens, ne lui apprennent-ils pas qu'il les trouvera glacés, ou même contraires, le jour où il voudrait marcher franchement à l'exécution de ses plans? Il peut compter encore bien moins sur une partie des voix qui, hors les siennes propres, composent sa faible majorité, et peuvent lui être aliénées d'un instant à l'autre. Beaucoup de fonctionnaires publics, même dans les plus hauts emplois, non-seulement ne sont pas pour lui, mais sont contre lui, et, ce qui est pis encore, personnellement engagés comme tels. Les changer tous, ainsi qu'il le devient tous les jours plus indispensable, est la concession à laquelle le ministère montre le plus de répugnance. Toutes les administrations enfin lui offrent les traces des nombreuses précautions prises contre lui ; partout s'opposent à ses progrès les digues qu'a laborieusement élevées le précédent ministère, afin de mettre un frein à sa turbulence ; partout sont encore vivantes les traditions du 5 septembre.

Un tel état de choses exige beaucoup de mesures ; trop d'ardeur et de confiance, nobles défauts des partis aristocratiques, feraient encore échouer au port ; il est temps de devenir habile, après avoir offert l'exemple de toutes les autres vertus. *Attendre*, doit devenir la devise générale. On ne saurait, par exemple, proposer le système électoral qu'il faudrait aux hommes du côté droit, pour fonder ce régime aristocratique après lequel ils aspirent, ce régime tout à leur profit, dans lequel ils ne craindraient pas de faire entrer la représentation, comme moyen de force. Un tel essai ne pourrait que leur être funeste. Pour le tenter, la chambre élective est loin d'être assez préparée ; ils sont loin eux-mêmes d'être assez libres, assez disponibles pour faire tout ce qui serait nécessaire à la réussite. Cependant, il leur est impossible de laisser subsister la loi du 5 février ; avant tout ils doivent la détruire ; encore une élection de cinquième, et ils seraient entièrement disparus, ou du moins ils ne seraient plus assez forts, même pour profiter des heureuses chances qui se présenteraient à eux.

Au milieu des deux nécessités contradictoires -de renverser la loi du 5 février, et de ne point produire celle qu'ils devraient mettre à la place, il ne restait d'autre parti au côté droit, que de faire proposer le projet de loi actuellement en instance devant la chambre des députés.

Ce projet, en effet, n'est point une loi d'élection. C'est un coup d'état, auquel la timidité et l'impuissance voudraient faire apposer le sceau

législatif. Ce coup d'état a pour objet un 5 septembre en sens inverse, le 5 septembre du côté
droit. La chambre qu'il aura convoquée, ri-
vale de la chambre de 1815 par la pureté de
ses principes, pourra s'occuper avec succès du
véritable projet de loi sur les élections.

Considéré sous ce point de vue, celui-ci n'offre
plus ni bizarreries, ni incohérences; il rend
raison de lui-même, et s'explique sans effort.

C'est une idée généralement reçue que la majorité des grands propriétaires est favorable au
côté droit. On a dû en conséquence leur remettre les élections. Les colléges de département,
de fait élisant seuls, ont été formés du cinquième
plus imposé des électeurs.

Cependant, par les considérations qui ont
empêché de proposer une organisation électorale plus complète, pour ne pas violer manifestement la charte, et aliéner ainsi les députés
qui, mal disposés pour la loi du 5 février,
sont fermement attachés à la loi fondamentale;
les quatre cinquièmes restans des électeurs sont
appelés à présenter des candidats dans des colléges d'arrondissement. D'ailleurs, ce rajeunis-
sement des deux degrés, cette balance apparente
de la grande et de la moyenne propriétés, ont
paru un moyen sûr de se rallier cette nature
d'opinion, dont le soin perpétuel est de se
tenir en garde contre toute exagération, en
lui faisant espérer que des choix modérés,
des députés dans leur sens, seraient le résul-

tat du double suffrage nécessaire pour être élu,
du prétendu contrôle qu'exerceraient mutuelle-
ment l'une sur l'autre l'aristocratie et, la démo-
cratie, celle-ci présentant des candidats, celle-
là renfermée dans la nécessité de ne point choisir
de députés hors des candidats.

Mais afin que l'élément démocratique ne ba-
lançât qu'en apparence l'élément aristocratique,
le nombre des candidats a été multiplié de manière à détruire tout l'effet de la candidature. Dans
beaucoup de départemens, il y aura presque autant de candidats que d'éligibles, ou même da-
vantage, du moins d'éligibles de fait, à qui
leurs lumières, leur fortune, leurs occupations,
leur âge ou leur santé permettent d'accepter
l'honneur de la députation. Il n'est donc guère
supposable que la volonté des colléges supérieurs
soit jamais limitée par celle des colléges inférieurs;
d'autant plus que, dans le cas où plusieurs d'entre
ceux-ci porteraient leurs suffrages sur les mêmes
candidats, il sera loisible aux plus imposés,
pour que la candidature soit complète, de choisir
les députés parmi les éligibles qui auront obtenu
après eux le plus de voix dans chaque collége,
c'est-à-dire, ceux qui auront été exclus au ballot-
tage, c'est-à-dire, les candidats de la minorité.

En partant toujours du même point, que le
projet n'est pas une loi d'élection, et qu'il n'a
d'autre mission que le retour de la chambre de
1815, à quelque prix que ce soit, il sera aussi
facile de le disculper de tous les vices dont on le

dit surchargé , qu'il l'a été de déduire son but et ses *véritables avantages.*

« Qu'importe en effet, pour aborder le reproche le plus grave qu'on puisse faire au projet de loi, que les députés qui en émaneraient ne fussent l'expression d'aucune volonté , et que la chambre élective ainsi formée, fût sans racines , sans répondans dans le pays , et par conséquent sans la considération indispensable pour que ses actes , c'est-à-dire les lois fussent elles-mêmes respectées : ce qui est cependant la première condition de tout ordre social. — D'abord, en fait , les colléges de département éliront réellement , comme il a été indiqué plus haut. La nécessité prétendue de l'élection directe est fondée sur la chimère de la souveraineté du peuple ou toute autre doctrine qui reconnaît l'élection comme un droit. L'élection n'est qu'un moyen de gouvernement. Quant à la déconsidération qui suivrait la chambre élective , cet inconvénient ne pourrait se faire sentir qu'à la longue , et le projet n'est destiné qu'à une seule épreuve. La chambre qu'il amènera sera assez en mesure de mériter l'estime des *honnêtes gens* par les services éminens qu'elle est appelée à leur rendre , pour ne pas craindre que cette déconsidération puisse l'atteindre , et elle regarderait comme une injure les applaudissemens du reste de la nation. Débarrassée de toutes les entraves qui gênent actuellement le côté droit , à commencer par le ministère , elle pourra , dans la nouvelle loi d'élection , n'obéir qu'à la rigueur

des principes et à la nécessité de replacer le pouvoir là où il existe réellement, et d'où il a été
arraché par la révolution, pour la calamité même
des peuples. Cette loi, sans ambitionner la palme
d'une vaine et méprisable popularité, saura bien
se concilier la considération générale, ou du
moins réduire au silence ce qu'elle comptera de
contradicteurs, car avant tout elle sera forte :
comme au fait une loi n'est rien par elle-même,
on aura soin de tout mettre à sa hauteur dans
l'administration, et de ne la faire marcher qu'en-
tourée de licteurs. Avec une telle loi et quelques
années encore de patience et de travail, la re-
fonte de l'ordre social révolutionnaire sera bien
avancée, et l'on pourra jeter l'ancre pour se re-
poser au sein de la *vraie restauration.* »

Voilà, dans la réalité de leurs vues et la naï-
veté de leurs illusions, le véritable exposé des
motifs des auteurs du projet de loi : le retour de
la chambre de 1815, tel est son but ; la concen-
tration de la puissance électorale dans les grands
propriétaires, et la majorité sacrifiée à la minorité, tels sont les moyens. Je sens le besoin d'a-
vertir que, par auteurs du projet de loi, j'entends
le côté droit qui l'a imposé, et non le ministère
qui l'a subi. Le ministère n'y voit qu'un expédient propre à déjouer la faction révolutionnaire,
qu'il redoute outre mesure. Quant au danger de
trop favoriser la faction opposée, il ne peut se
le dissimuler, mais il se flatte qu'elle est moins
à craindre, parce que le jour où elle deviendrait
menaçante, il saurait retrouver les moyens de la

comprimer ; d'ailleurs, le projet de loi une fois adopté dans les deux chambres, le ministère nourrit le doux espoir de reformer un centre et de rentrer dans les voies des années précédentes. Mais c'est étrangement s'abuser ; s'il se sépare du côté droit, que lui restera-t-il ? Douze ou quinze voix dans les chambres, et pas un partisan dans la nation. Les ministres ne peuvent pas plus se passer du côté droit pour conserver le pouvoir, qu'ils ne peuvent espérer d'en rester les dépositaires, si le côté droit vient à bout de tous ses desseins ; ils sont condamnés à être ses dociles agens, jusqu'au jour où il cessera de les en juger dignes. Et qu'ils ne comptent pas sur un autre 5 septembre ? En 1816, la France répondit à l'appel du gouvernement, parce qu'il avait gagné sa confiance en luttant courageusement contre leurs communs ennemis ; pourquoi viendrait-elle, en 1821, au secours d'un ministère qui ne lui donnerait d'autres garanties qu'une longue servilité envers la faction, dont il voudrait enfin se dégager pour sa propre sûreté. S'il nous est réservé de voir encore un 5 septembre ramené sur l'horizon, il n'est pas supposable que dans aucun cas le ministère actuel puisse en être l'auteur.

Sans croire que le côté droit obtienne du projet de loi les brillans résultats qu'il en attend, non que je pense qu'il fût possible d'en imaginer un autre plus dans ses intérêts ; mais parce que l'avenir lui est fermé ; quoi qu'il fasse, on ne lui réserve que des revers. Il me semble évident que le nouveau système électoral se prononcera géné-

ralement en sa faveur , s'il est jamais mis en vigueur , et lui assurera un triomphe passager. Plus
ce triomphe serait contraire à la nature des choses,
plus il faudrait de moyens violens pour l'organiser
et le maintenir au moins quelque temps. Pour
donner une idée de ce que seraient nécessairement
ces *moyens*, je ne ferai qu'un seul rapproche-
ment. On se rappelle tout ce qu'il a fallu, en 1815,
après les cent jours , de violences et de vexa-
tions, pour faire durer une seule année le règne
du côté droit ; que ne faudrait-il pas en 1820,
après les quatre années qui viennent de s'é-
couler ?

S'il était vrai qu'il découlât de tout ce que j'ai
dit que tels seraient les résultats nécessaires ou du
moins probables du projet de loi , la question
serait résolue et le projet de loi serait rejeté. Car
enfin , le moyen de s'imaginer que les hommes de
la minorité de 1816 et des majorités de 1817 et
de 1818, veuillent nous livrer à ceux qu'ils ont si
long-temps combattus, dont ils ont expérimenté
l'esprit de désordre et la haine des intérêts nouveaux ; qu'ils veuillent replacer le pouvoir au
foyer de l'orgueil et de l'incapacité , et nous re-
plonger dans une seconde révolution, d'où il est
à craindre que tout ne se relevât pas qui s'est re-
levé de la première. Et pourquoi feraient-ils
courir à notre pays d'aussi terribles chances ?

Est-ce l'incertitude de ce qui arrivera si le projet de loi est rejeté, qui motiverait son adoption?
Mais je demande qu'on me cite un exemple , un
seul exemple d'une circonstance quelconque, où

ceux qui n'ont pas reculé devant un mal , de crainte d'amener un mal plus grand, n'ont pas eu à se repentir amèrement d'une telle composition avec leur conscience. Dans la supposition où la chambre des députés se prononcerait contre la proposition ministérielle , j'ignore, il est vrai, ce qu'il en adviendra ; je veux bien ne point entrer dans le calcul , peut-être assez facile , des raisons de sécurité que présenterait cet événement ; mais n'est-il pas au moins certain que la situation , quelle qu'elle soit , aura cet avantage sur la situation actuelle, d'avoir été préparée par une chose bonne en elle-même , par le rejet d'une mauvaise loi.

Est-ce dans l'intérêt le plus grand qui puisse animer de bons et loyaux députés , que le projet de loi serait recommandé à leurs suffrages , dans l'intérêt de la dynastie régnante ? La faction révolutionnaire presse-t-elle de si près les Bourbons, qu'avant tout et à tout prix , il faille les protéger contre ses atteintes ; et l'expédient le plus sûr de les en garantir , doit-on l'attendre de la faction aristocratique ? Un vaste sujet s'ouvre ici devant moi, où tout est à dire , car personne ne l'a traité jusqu'ici dans la vérité des choses ; un volume ne suffirait pas pour l'épuiser , et je puis à peine y consacrer quelques lignes. Revenus en France par le seul enchaînement des affaires humaines, et non rappelés par un parti et pour un parti , les Bourbons ont contracté l'obligation d'être justes, non à titre de devoir , mais à titre du seul moyen possible de se maintenir sur le trône. La justice est la fatalité du gouvernement du roi ; la justice surtout qui consiste à se tenir à une égale distance des deux partis qui divisent la France, pour les dominer également et les protéger l'un contre l'autre. Or, un projet de loi qui viole manifestement cette justice, en faisant pencher immodérément la balance en faveur d'un parti, ne peut être que funeste aux Bourbons. Et ici l'application n'est pas éloignée du principe ; car ce parti est le plus faible et sera toujours le plus faible, quoi qu'on fasse pour lui ; et le favoriser est le seul moyen peut-être de détacher le reste de la nation de la cause sacrée de ses rois.

Après avoir sommairement infirmé les deux motifs que je suppose surtout propres à agir sur les hommes auxquels je viens de m'adresser plus particulièrement, je n'ai plus qu'une observation à leur soumettre. Ils ont voté deux lois d'exception : l'une qui restreint la liberté d'écrire, l'autre qui nous enlève la liberté individuelle. Quand ils ont voté ces deux lois, ils avaient la perspective d'une loi d'élection, très-défectueuse, il est vrai, mais qui cependant ne tendait pas à déplacer le pouvoir : ils ne peuvent donc adopter loyalement le projet, qui tend évidemment à déplacer le pouvoir, et en vertu duquel les armes qu'ils ont livrées contre nous passeraient à d'autres qu'à ceux en qui ils ont eu assez de confiance pour les remettre sans crainte. Ils ont voté ces deux lois dans la persuasion qu'ils seraient encore dans la chambre à la session prochaine, pour nous faire rendre les franchises qu'ils n'ont permis de suspendre que jusqu'à cette époque ; ils ne peuvent donc loyalement adopter le projet ; car, avec la nouvelle organisation électorale, ils doivent s'attendre à être tous exclus de la représentation.

FIN.

9 782013 182867